かんたんなのに超本格。
ちょっとリッチなフライパン煮込み

川上文代

東京書店

Prologue

日本の家庭に必ずあるのがフライパン。
鍋がなくともフライパンがあれば、炒め物から揚げ物まで作ることができ、
さらに蓋を使えば、ご飯だって炊けちゃいます。

フライパンは、焼いたり炒めたりするのが基本ですが、実は煮込み料理もお手のもの。
本書ではそんなフライパンの特性を活かし、肉を使った煮込み料理から、魚介の煮込み、
野菜・豆の煮込み、米・麺の煮込み、そして、スイーツの煮込みまで、
余すことなくご紹介していきます。
しかも、どれもちょっとリッチなのが自慢です。

フライパンで作る煮込み料理の魅力をお伝えすると……。

- 肉の煮込みは、焼いてから煮込むと香ばしさや肉のふっくら感が楽しめます。
- 魚介の煮込みは、崩れたり蒸れたりせず仕上がるのがうれしい！
- 野菜や豆の煮込みは、煮込んで余分な水気をとばすことで野菜のうまみをギュッと凝縮。
- 米・麺は、浅くて広いフライパンを用いることで、炭水化物同士がくっつくことなく
  ふっくら煮込めます。
- そして、フライパンで作れるスイーツ。こんなにも簡単でおいしい煮込みデザートができる
  なんて、きっと驚かれることでしょう。ぜひ味わってみてください。

そして、もう1つうれしいのが、煮込み料理は保存もOKということ。
時間があるときに多めに作っておけば、忙しいときでも手作りのおいしさが味わえます！

本書のレシピが、あなたの食卓をより豊かに、そして幸せなひと時を過ごせる一助になれば、
これほどうれしいことはありません。

川上文代

Contents

2　　prologue

6　　フライパン煮込みの基本ワザ

part 1
肉の煮込み

10　チキンのローマ風煮込み
12　鶏のオージュ谷風
14　ビーフストロガノフ
16　豚肉のクリーム煮ブランケット風
18　ラムチョップの中華風煮込み
20　鶏レバーのバルサミコ煮
22　煮込みハンバーグ
24　ボルシチ
26　シュークルート
28　重ね牛肉の赤ワイン煮
30　鶏のエスニック煮込み
32　スペアリブとプルーンの煮込み
34　鶏肉のレモン煮

part 2
魚介の煮込み

38　リヴォルノ風魚介の煮込み
40　スズキのデュグレレ
42　アクアパッツァ
44　サバのカレー風味煮
46　ホタテ貝のグレープフルーツ煮
48　カキのオイル煮
50　サーモンとねぎのクリーム煮
52　魚介のココナッツカレー煮
54　タコのトマト煮
56　タイのカリフラワー入りボンファム
58　エビのピリ辛煮
60　イカの墨煮

この本の使い方

・フライパンは底径21〜25cm、深さ4〜5cmのフッ素樹脂加工のものを使っています。汁気のある煮込みには少し深さのあるフライパンがおすすめです。
・大さじ1は15mℓ、小さじ1は5mℓです（mℓ＝cc）。
・チキンブイヨン、中華スープ、だし汁は、市販品を表示の湯で溶いて使っています。
・野菜を洗う、皮をむくなどの下ごしらえは省略しています。

part 3
野菜・豆の煮込み

- 64　ラタトゥイユ
- 66　レンズ豆の煮込み
- 68　アスパラガスの煮込み
- 70　えのき入りロールキャベツ
- 72　白いんげん豆のローズマリー風
- 74　れんこんとごぼうのビール煮
- 76　ガルバンソ入りポトフ
- 78　さつまいものレモン煮
- 80　カリフラワーとクミンの煮込み
- 82　大根とアンチョビの煮物

part 4
米・麺類の煮込み

- 86　魚介のトマトリゾット
- 88　鶏のフォー
- 90　そば生地入り牛肉と野菜の煮込み
- 92　フジッリのミネストローネ煮込み
- 94　青い野菜のリゾット
- 96　ペリメニ
- 98　ファルファッレのきのこ入り煮込み
- 100　じゃがいものニョッキ
- 102　みそ煮込みうどん

デザートレシピ

- 104　ウ・ア・ラ・ネージュ
- 104　リ・オ・レ
- 106　りんごとあんずの紅茶煮
- 106　いちじくの赤ワイン煮
- 108　いちごソース＆キウイソース
- 109　バナナフランベ
- 110　クレープシュゼット
- 110　パンプディング

フライパン煮込みの基本ワザ

ポシェ *pocher*

〈ゆでること〉

ブイヨンや水などの液体の中で素材をゆでたり煮込んだりする調理法。このままの状態で仕上げるほか、液体を煮詰めてソースにするなど、調理の仕上がりまで行うことも。お馴染みのポーチ・ド・エッグの調理法もポシェ。

→アクアパッツァ　p.42
→アスパラガスの煮込み　p.68
→ウ・ア・ラ・ネージュ　p.104 など

ブレゼ *Braiser*

〈蒸し煮すること〉

少ない水分で蒸すように煮る調理法。フライパンに、食材が半分位浸かる程度の水分（水やだし汁、ワインなど）を入れて煮ます。正式な方法は、紙蓋をしてオーブンなどで蒸し煮にして、上下から均一に火を通します。

→シュークルート　p.26
→スズキのデュグレレ　p.40
→ラタトゥイユ　p.64 など

「煮込み」の魅力は、弱火で煮ている間はほったらかしでもいいこと。
和食よりも簡単なフランス料理の「煮込み」の技を覚えておくと、料理のレパートリーがグンと広がります。

ラグー ragoût

〈 じっくり煮込むこと 〉

素材をじっくり煮込む調理法。代表的な料理はシチュー。どちらかというと、煮込みの具より、煮汁を楽しむ料理を指します。煮込み料理の総称としても知られています。

→ビーフストロガノフ　p.14
→リヴォルノ風魚介の煮込み　p.38
→魚介のトマトリゾット　p.86 など

煮込む前のひと技
ソテー

素材を焼いたり、炒めたりする調理法。煮る前に食材をソテーし、ブレゼやラグーの調理に進みます。「焼く」と「炒める」の2種類に分けられます。

〈 焼く 〉

肉や魚の切り身などの表面を焼きつけること。

→鶏肉のレモン煮　p.34
→エビのピリ辛煮　p.58 など

〈 炒める 〉

野菜炒めのように、具材を炒め合わせること。

→重ね牛肉の赤ワイン煮　p.28
→魚介のココナッツカレー煮　p.52 など

part 1
肉の煮込み

炒めてから煮込む──。
そんなプロセスで作ることが多い肉料理には、
鍋底の広いフライパンがぴったり。
短時間でソテーして、その後、じっくり煮込むことで、
パサつくことなく、ジューシーな一品が簡単にできます。

"ローマ風"とは、トマトを使った煮込みのこと

チキンのローマ風煮込み

材料（2人分）

鶏もも肉 … 300g
A ｜ 塩 … 小さじ⅓
　｜ こしょう … 少々
にんにく … ½かけ
玉ねぎ … ½個
赤パプリカ … ½個
黄パプリカ … ½個
オリーブ油 … 大さじ½
B ｜ 白ワイン … 大さじ2
　｜ カットトマト（水煮）… 250g
　｜ チキンブイヨン … 150mℓ
　｜ 塩、こしょう … 各少々

作り方

1 鶏肉は4cm角に切り、Aをまぶす。にんにくは包丁の腹で押し潰す。玉ねぎ、パプリカは、それぞれ3cm角に切る。

2 フライパンに、にんにくとオリーブ油を熱し、香りが立ったら、鶏肉を皮目から入れて焼く。

3 こんがり焼き色がついたら、玉ねぎ、パプリカを加え、軽く色づけながらよく炒める。

4 Bを加え、蓋をして約15分煮込む。時々、蓋を外して鍋底から混ぜながら、程よいとろみがつくまで煮る。

point
鶏肉の皮は加熱すると縮むので、手でしっかり伸ばしてからフライパンに入れます。

りんごやカルヴァドスの産地、フランス・ノルマンディー地方の郷土料理

鶏のオージュ谷風

材料（2人分）

鶏もも肉（骨付き）… 2本
A | 塩 … 小さじ1/3
　| こしょう … 少々
玉ねぎ … 1/2個
マッシュルーム … 4個
りんご … 1/2個
バター … 15g
B | カルヴァドスまたはブランデー
　|　　… 小さじ4
　| シードル … 100㎖
　|　＊またはりんごジュース 70㎖
　|　　+白ワイン 30㎖
　| チキンブイヨン … 150㎖
　| 塩、こしょう … 各少々
生クリーム … 80㎖
水溶き片栗粉
　… 片栗粉大さじ1/2＋水大さじ1

作り方

1 鶏肉は骨に沿って切り込みを入れ、Aをまぶす。玉ねぎはみじん切り、マッシュルームは3㎜幅の薄切りにする。りんごは皮をむき、芯を取って6等分のくし型切りにする。

2 フライパンにバター5gを熱し、りんごとマッシュルームを入れ、軽く焼いて取り出す。続けて、バター10gを熱し、鶏肉を並べ入れて焼く。

3 鶏肉がこんがり焼けたら、玉ねぎを加えて炒め、Bを加え、蓋をして約10分煮る。鶏肉をひっくり返し、2のりんご、マッシュルームを戻し入れ、約5分煮込む。

4 生クリームを加え、続けて水溶き片栗粉を加えてよく混ぜ、とろみをつける。

> **point**
> 鶏肉は骨に沿って切り込みを入れると、火が早く通るだけでなく、味が染み込みやすくなり、さらに骨のうまみもしっかり出ます。

ソースがしっかり絡んだ牛肉がおいしい！　ロシア料理の定番をどうぞ

ビーフストロガノフ

材料（2人分）

牛肩ロース肉 … 250g
塩、こしょう … 各適量
パプリカパウダー（あれば）
　　… 小さじ2
薄力粉 … 大さじ2
エリンギ … 80g
玉ねぎ … 1/2個
バター … 15g
デミグラスソース（市販品）
　　… 150g
カットトマト（水煮）… 150g
水 … 100mℓ
ハーブ入りバターライス … 適宜

作り方

1 牛肉は3cm長さの1cm角に切り、塩、こしょう各少々、パプリカパウダーをまぶす。てのひらに1本ずつ挟んでこすり合わせ、ひも状に伸ばし、薄力粉をまぶす。

2 エリンギは半分の長さに切ってから8mm幅の棒状に切る。玉ねぎはみじん切りにする。

3 フライパンにバター10gを熱し、*1*の牛肉を並べ入れて強火でこんがり焼き、いったん取り出す。

4 続けてバター5gを熱し、玉ねぎとエリンギを入れて中火でこんがり炒め、デミグラスソース、カットトマト、水を加え、蓋をして10分煮込む。*3*の牛肉を戻し入れ、塩、こしょう各少々で味を調える。器に盛り、好みでパプリカパウダー少々（分量外）をかけ、ハーブ入りバターライスを添える。

point
牛肉はてのひらで転がしてひも状に伸ばします。薄力粉をまぶすことで、ソースがよく絡み、また程よいとろみがつきます。

生クリームやバターで煮る白いソースの一品

豚肉のクリーム煮ブランケット風

材料(2人分)

豚肩ロース肉 … 300g
A | 塩 … 小さじ1/3
　 | こしょう … 少々
にんじん … 1/3本
小玉ねぎ … 4個
マッシュルーム … 4個
長ねぎ(白い部分) … 1/2本
バター … 15g
チキンブイヨン … 400ml
塩、こしょう … 各少々
水溶き片栗粉
　… 片栗粉大さじ1+水大さじ2
B | 卵黄 … 1個
　 | 生クリーム … 80ml

作り方

1 豚肉は3cm角に切り、Aをまぶす。にんじんは3cm長さの6等分の放射状に切る。小玉ねぎは十字の切り込みを入れる。マッシュルームは半分に切る。長ねぎは1cm長さに切る。

2 フライパンにバター10gを熱し、にんじん、小玉ねぎ、マッシュルームを入れて炒め、うっすら色づいたら取り出す。続けてバター5gを熱して豚肉を入れ、同様にうっすら色づく程度に炒め、長ねぎを加えて炒め合わせる。

3 チキンブイヨン、塩、こしょうを加え、蓋をして約40分弱火で煮る。2のにんじん、小玉ねぎを戻し入れて10分煮、マッシュルームを加え、さらに約5分煮る。

4 水溶き片栗粉を加え、とろみをつける。盛る直前に、Bを混ぜ合わせて加え、フライパンの中を具を崩さないように混ぜながら、余熱で火を通す。

memo
クリーム煮などホワイトソースがベースのレシピでは、具材に焼き色がつかないように軽く炒めましょう。きれいな色のソースに仕上がります。

しょうが、にんにくの利いたパンチのある一品

ラムチョップの中華風煮込み

材料（2人分）

ラムチョップ … 大4本
A ｜ 酒 … 少々
　｜ しょうゆ … 少々
　｜ こしょう … 少々
片栗粉 … 大さじ1
黄パプリカ … 1/2個
モロッコいんげん … 2本
パクチー … 1茎
ごま油 … 大さじ1
にんにくのみじん切り
　　… 小さじ1/2
しょうがのみじん切り
　　… 小さじ1
長ねぎのみじん切り … 大さじ2
豆板醤 … 小さじ1
B ｜ 甜面醤 … 小さじ2
　｜ 酒 … 大さじ1
　｜ しょうゆ … 小さじ1
　｜ 酢 … 小さじ1
　｜ 中華スープ … 200㎖

作り方

1. ラムチョップは肉に切り込みを入れて*A*を揉みこみ、片栗粉をまぶす。パプリカは2cm幅、モロッコいんげんは筋を取って斜め半分に切る。パクチーはざく切りする。

2. フライパンにごま油大さじ1/2を熱し、ラムチョップを入れてこんがり焼き、いったん取り出す。

3. 続けてごま油大さじ1/2を熱し、にんにく、しょうが、長ねぎを入れて炒め合わせ、香りが立ったら、パプリカ、モロッコいんげんを加えてさらに炒める。

4. 豆板醤を加えて炒め、*2*のラムチョップ、*B*を加えて軽く煮込む。火を止めて、パクチーを散らす。

バルサミコ酢で風味づけしたやわらかいレバーを、ワインと一緒にどうぞ

鶏レバーのバルサミコ煮

材料（2人分）

鶏レバー … 300g
A ｜ 塩 … 小さじ½
　｜ こしょう … 少々
玉ねぎ … ½個
バター … 15g
にんにくのみじん切り
　　… 小さじ½
しょうがのみじん切り
　　… 小さじ1
薄力粉 … 大さじ2
B ｜ ブランデー … 大さじ1
　｜ バルサミコ酢 … 大さじ3
　｜ はちみつ … 20g
チキンブイヨン … 100ml
塩、こしょう … 各少々
ピンクペッパー … 適宜
ローズマリー … 適宜

作り方

1 鶏レバーは筋と血管を掃除し、冷水で洗う。ペーパータオルで水気を拭きとり、Aをまぶす。玉ねぎは薄切りにする。

2 フライパンにバター5gを熱し、にんにくとしょうがを炒め、香りが立ったら玉ねぎを加えて炒め合わせ、いったん取り出す。

3 続けてフライパンにバター10gを熱し、レバーに薄力粉をまぶして並べ入れ、全面を焼く。こんがり焼けたら、B、2、チキンブイヨン、塩、こしょうを加え、軽く煮る。器に盛り、好みでピンクペッパーをふり、あればローズマリーを添える。

point
レバーは筋と血管を取り除くと、口あたりよく仕上がります。

挽き肉は粗めに挽いたものを使い、肉の歯ごたえを楽しんで

煮込みハンバーグ

材料（2人分）

玉ねぎ … 1/4個
バター … 15g
パン粉 … 大さじ3
牛乳 … 大さじ3
合い挽き肉 … 300g
A | 塩 … 小さじ1/3
　| こしょう … 少々
　| ナツメグ … 少々
ズッキーニ、にんじん、
　なすの輪切り（5mm幅）… 各2枚
塩、こしょう … 各少々
トマトソース（市販品）… 200g
チキンブイヨン … 200ml

作り方

1. 玉ねぎはみじん切りにする。フライパンにバター5gを熱し、玉ねぎを入れて炒め、粗熱をとる。パン粉と牛乳を混ぜておく。

2. ボウルに合い挽き肉、1、Aを入れて混ぜ、4等分にして俵型に整える。

3. フライパンにバター5gを熱し、ズッキーニ、にんじん、なすを並べ入れ、塩、こしょうを振って焼き、いったん取り出す。

4. 続けてバター5gを熱し、2のハンバーグを入れて両面に焼き色をつけ、3、トマトソース、チキンブイヨンを入れ、蓋をして約5分煮る。ハンバーグを裏返し、さらに約4分煮る。

memo
挽き肉は粗めに挽いたものを使うと、ゴロッとした食感を楽しめます。普通の挽き肉に、牛や豚の薄切り肉を粗みじん切りにして加えるのもおすすめです。

ビーツの優しい甘みにほっとするロシア料理

ボルシチ

材料（2人分）

牛肩ロース肉 … 300g
A│塩 … 小さじ⅓
　│こしょう … 少々
ビーツ … 150g
玉ねぎ … ½個
にんじん … ½本
新じゃがいも … 3個
キャベツの葉 … 2枚
サラダ油 … 大さじ1
チキンブイヨン … 600mℓ
塩、こしょう … 各少々
ローリエの葉　1枚
B│酢 … 小さじ½
　│トマトケチャップ
　│　… 小さじ½

作り方

1. 牛肉は表面に切り込みを入れ、1cm幅の3cm四方に切り、Aをまぶす。ビーツ、玉ねぎ、にんじん、新じゃがいもは、それぞれくし型に切る。キャベツは3cm角に切る。

2. フライパンにサラダ油大さじ½を熱し、1の野菜を炒めて取り出す。続けてサラダ油大さじ½を熱し、牛肉を入れて両面を焼く。

3. チキンブイヨン、塩、こしょう、ローリエの葉を加え、煮立ったらアクを取り、蓋をして15分煮込む。2の野菜、Bを加え、さらに15分煮込む。

memo

新じゃがいもではなく、ふつうのじゃがいもを使うときは、皮をむきます。また、好みでサワークリームを添えても、おいしくいただけます。

たっぷり加えたザワークラウトはソーセージと相性抜群

シュークルート

材料（2人分）

豚バラ肉 … 120g
塩、こしょう … 各少々
にんにく … 1かけ
玉ねぎ … 1/2個
新じゃがいも … 4個
サラダ油 … 大さじ1/2
白ワイン … 大さじ2
チキンブイヨン … 200ml
ローリエの葉 … 1枚
ザワークラウト … 300g
好みのソーセージ … 200g
粒マスタード … 適宜

作り方

1. 豚肉は1cm幅に切り、塩、こしょうをまぶす。にんにくは半分に切って芽を取り、包丁の腹で押し潰す。玉ねぎは薄切りにする。

2. フライパンにサラダ油とにんにくを熱し、豚肉を入れて焼く。表面に焼き色がついたら玉ねぎを加え、さらに炒める。

3. 白ワイン、チキンブイヨン、新じゃがいも、ローリエの葉を加え、蓋をして15分煮込み、ザワークラウト、ソーセージを加えてさらに5分煮る。器に盛り、好みで粒マスタードを添える。

memo
「シュークルート」は、豚肉と塩漬けして発酵させたキャベツ（ザワークラウト）を使ったフランス・アルザス地方の代表的な料理。ソーセージは数種類入れると、風味豊かになります。

薄切り肉がかたまり肉に変身。ジューシーな味わいが楽しめます

重ね牛肉の赤ワイン煮

材料（2人分）

牛肩ロース薄切り肉 … 400g
A｜塩 … 小さじ⅓
　｜こしょう … 少々
玉ねぎ … ½個
にんじん … ½本
セロリ … ⅓本
にんにく … 1かけ
赤ワイン … 300㎖
バター … 15g
B｜デミグラスソース（市販品）
　｜　… 150g
　｜チキンブイヨン … 200㎖
　｜赤ワイン … 50㎖
ローリエの葉 … 1枚
塩、こしょう … 各少々

作り方

1. 牛肉にAをまぶして重ね、3cm厚さにする。上から押さえて肉同士を貼り付け、3cm角に切る。

2. 玉ねぎ、にんじん、セロリは5mm角に切る。にんにくは半分に切って芽を取り、包丁の腹で押し潰す。

3. フライパンに赤ワインを入れて火にかけ、10分の1（30㎖＝大さじ2）まで煮詰め、器に取りおく。

4. フライパンに半量のバターを熱し、1の牛肉を入れて各面をこんがり焼いていったん取り出す。続けて残りのバターを熱し、2の野菜を入れて炒める。

5. B、ローリエの葉を加えて10分煮、4の牛肉を戻し入れ、さらに8分煮る。塩、こしょうで味を調え、3の煮詰めた赤ワインを加える。

point

牛肉は重ねてラップをかけ、上からしっかり押さえて密着させ、端から切り分けます。かたまり肉のようなボリュームを持ちつつ、食べやすいのが魅力。

具だくさんで野菜もたっぷり食べられる！
鶏のエスニック煮込み

材料（2人分）

にんにく…1かけ
赤パプリカ…1/4個
ピーマン…1個
しいたけ…2枚
サラダ油…大さじ1/2
鶏ぶつ切り肉（骨付き）…300g
ヤングコーン…4本
A チキンブイヨン…300mℓ
　 酒…大さじ1
　 オイスターソース
　　 …小さじ2
　 ナンプラー…小さじ2
　 しょうゆ…小さじ1
　 砂糖…小さじ1
ゆで卵…2個

作り方

1. にんにくは半分に切って芽を取り、包丁の腹で押し潰す。

2. パプリカとピーマンは3cmの乱切り、しいたけは軸を取り、半分のそぎ切りにする。

3. フライパンにサラダ油とにんにくを熱し、香りが立ったら鶏肉を加えて全体を焼き、2の野菜、ヤングコーンを加えて炒める。

4. Aを注ぎ入れ、煮立ったらゆで卵を加えて約10分煮る。

豚肉に甘酸っぱいプルーンがよく合う

スペアリブとプルーンの煮込み

材料 (2人分)

豚のスペアリブ…600g

A | 塩…小さじ½
　| こしょう…少々

玉ねぎ…½個

バター…10g

B | 赤ワイン…大さじ3 ⅓
　| チキンブイヨン…300mℓ
　| デミグラスソース（市販品）
　|　…200g

ドライプルーン…4個

むき栗…8個

作り方

1 スペアリブにAをまぶす。玉ねぎはみじん切りにする。

2 フライパンにバターを熱し、スペアリブを入れてこんがり焼き、玉ねぎを加えてさらに炒める。

3 B、ドライプルーン、むき栗を加え、蓋をして約1時間、時々混ぜながら弱火で煮込む。

レモンのさわやかな香りは暑い日の食卓にもぴったり！

鶏肉のレモン煮

材料（2人分）

鶏手羽元肉…8本
A ｜ 塩…小さじ1/3
　｜ こしょう…少々
玉ねぎ…1/2個
オリーブ油…大さじ1
しょうがのみじん切り
　　…小さじ1
チキンブイヨン…300mℓ
こしょう…少々
グリーンオリーブ…6個
塩レモン（市販品）…15g
＊塩レモンの作り方はmemoを参照
はちみつ…15g
水溶き片栗粉
　　…片栗粉大さじ1/2＋水大さじ1

作り方

1 鶏肉にAをまぶす。玉ねぎはみじん切りにする。

2 フライパンにオリーブ油を熱し、鶏肉を入れて焼き、しょうが、玉ねぎを加えてよく炒める。

3 チキンブイヨン、こしょう、グリーンオリーブ、半量の塩レモン、はちみつを加え、蓋をして約20分煮込む。

4 水溶き片栗粉を加えてとろみをつけ、残りの塩レモンを散らす。

memo
塩レモンの作り方
レモン1/4個は皮つきのまま粗みじん切りにして、塩小さじ1/2をまぶし、密閉して半日以上置きます。多めに作ったときは冷蔵保存を。1週間ほど保存できます。

part 2
魚介の煮込み

魚は身がやわらかくて薄いため、どうしても煮崩れしがち。
そんなときも、面の広いフライパンを使えば、
丸ごと一尾の魚から手足の長いエビまで、ゆったり並べて煮込めます。
鍋より浅く口が広いので、
生臭さがこもりにくいのも魅力です。

魚介のうまみがたっぷり味わえる

リヴォルノ風魚介の煮込み

材料 (2人分)

キンメダイの切り身 … 2切れ
ハマグリ … 4個
有頭エビ … 2尾
塩、こしょう … 各適量
にんにく … 1かけ
玉ねぎ … 1/2個
にんじん … 1/4本
セロリ … 1/3本
オリーブ油 … 大さじ1
白ワイン … 大さじ3 1/3
赤とうがらし … 1/3本
チキンブイヨン … 150mℓ
カットトマト (水煮) … 150g
ディルやイタリアンパセリの
　粗みじん切り … 適宜

作り方

1. エビは竹串で背ワタを取り、はさみで足を切り落とす。尾から頭に向かって殻に切り込みを入れて開き、キンメダイ、ハマグリとともに、塩、こしょう各少々をまぶす。にんにくは半分に切って芽を取り、包丁の腹で押し潰す。玉ねぎ、にんじん、セロリは薄切りにする。

2. フライパンにオリーブ油大さじ1/2を熱し、1の魚介を入れてこんがり焼き、白ワインを振りかけ、いったん取り出す。

3. 同じフライパンに、オリーブ油大さじ1/2、にんにく、赤とうがらしを熱し、香りが立ったら1の野菜を入れて炒め合わせる。

4. チキンブイヨン、カットトマト、塩、こしょう各少々、2の魚介を加え、蓋をしてハマグリの口が開くまで軽く煮る。器に盛り、あればディルやイタリアンパセリの粗みじん切りを散らす。

point

エビの背ワタを取るとき、垂直に引っ張ると切れてしまうので、前後に小刻みに動かしながら引いていきます。殻を開くことで、味が染みやすくなります。

memo

「リヴォルノ風」とは、トスカーナの海沿いの街リヴォルノで作られる、とうがらしを利かせた魚介のトマト煮込みのこと。正式な料理名は、「リヴォルノ風カッチュッコ」と呼びます。

バターソースを使ったフレンチの代表格をフライパン1つで

スズキのデュグレレ

材料（2人分）

スズキ … 2切れ
塩、こしょう … 各適量
紫玉ねぎ … 1/3個
トマト … 1個
パセリのみじん切り … 大さじ2
白ワイン … 大さじ3 1/3
チキンブイヨン … 100mℓ
生クリーム … 大さじ1
水溶き片栗粉
　… 片栗粉大さじ1/2＋水大さじ1
無塩バター … 80g
チャイブ … 適宜

作り方

1. スズキに塩、こしょう各少々をまぶす。紫玉ねぎ、トマトは5mm角に切る。

2. フライパンの底にバター適量（分量外）を塗り、紫玉ねぎ、トマト、パセリのそれぞれ半量、スズキ、残りの紫玉ねぎとトマトの順にのせ（パセリの半量は取りおく）、白ワイン、チキンブイヨンを注ぎ、中火にかける。

3. 煮立ったら落し蓋をして弱火で約5分蒸す。スズキを取り出し、器に盛る。

4. 3のフライパンに、生クリーム、水溶き片栗粉を加えてとろみをつけ、バターを少しずつ加えながらよく混ぜる。塩、こしょう各少々で味を調え、2で取りおいたパセリを加え、3のスズキにかける。あればチャイブを飾る。

point
フライパンに具材を入れ、白ワインとブイヨンを注いでから、火にかけます。

魚を丸ごと一尾使った豪快な一品

アクアパッツァ

材料（2人分）

メバルなどの白身の魚 … 2尾
塩、こしょう … 各適量
アサリ（砂抜きしたもの）… 100g
にんにく … 1かけ
ミニトマト … 8個
オリーブ油 … 小さじ2
白ワイン … 大さじ3 $\frac{1}{3}$
水 … 200mℓ
ブラックオリーブ … 4個
ケイパーの酢漬け … 大さじ1
イタリアンパセリの
　粗みじん切り … 大さじ1
好みのハーブ … 適宜

作り方

1. メバルは皮目に切り込みを入れ、塩、こしょう各少々をまぶす。アサリは殻をこすり洗いする。にんにくは半分に切って芽を取り、包丁の腹で押し潰す。ミニトマトはヘタを取る。

2. フライパンにオリーブ油とにんにくを熱し、メバルを入れて焼く。両面がこんがり焼けたら、アサリを加える。

3. 白ワイン、水、ブラックオリーブ、ケイパーの酢漬け、塩、こしょう各少々を入れ、蓋をして約3分煮る。蓋を取って魚介に煮汁をかけ、ミニトマト、イタリアンパセリを加え、1～2分煮る。出す直前に、あれば好みのハーブを添える。

memo
魚は白身であれば、スズキやタイなどでもOK。骨付きのほうが、うまみがたっぷり出るのでおすすめです。

スパイシーなカレー風味はパンにもごはんにもマッチ！

サバのカレー風味煮

材料（2人分）

サバ … 300g
塩 … 少々
玉ねぎ … ½個
ピーマン … 1個
セロリ … 30g
トマト … ½個
パイナップル（生）… 50g
カレールー … 30g
オリーブ油 … 大さじ1
にんにくのみじん切り
　… 小さじ½
しょうがのみじん切り
　… 小さじ1
チキンブイヨン … 200mℓ

作り方

1. サバは3cm幅に切り、塩をまぶして10分おき、ペーパータオルで水気を拭きとる。玉ねぎ、ピーマン、セロリ、トマト、パイナップルは2cm角に切る。カレールーは刻む。

2. フライパンにオリーブ油大さじ½を熱し、サバを入れてこんがり焼き、いったん取り出す。

3. 2のフライパンをペーパータオルできれいに拭き、オリーブ油大さじ½、にんにく、しょうがを熱し、香りが立ったら、玉ねぎ、ピーマン、セロリを加えて炒める。

4. 野菜が色づいたら、チキンブイヨンを注ぎ、刻んだルーを加えて溶きのばし、蓋をして5分煮る。サバ、トマト、パイナップルを加え、約3分煮る。

point
サバはあらかじめ、焼いておき、後から加えて煮込みます。これにより、青魚特有の臭みが料理全体に移るのを防ぎます。

スパイシーなカレー風味はパンにもごはんにもマッチ！

サバのカレー風味煮

材料（2人分）

- サバ … 300g
- 塩 … 少々
- 玉ねぎ … ½個
- ピーマン … 1個
- セロリ … 30g
- トマト … ½個
- パイナップル（生）… 50g
- カレールー … 30g
- オリーブ油 … 大さじ1
- にんにくのみじん切り … 小さじ½
- しょうがのみじん切り … 小さじ1
- チキンブイヨン … 200ml

作り方

1. サバは3cm幅に切り、塩をまぶして10分おき、ペーパータオルで水気を拭きとる。玉ねぎ、ピーマン、セロリ、トマト、パイナップルは2cm角に切る。カレールーは刻む。

2. フライパンにオリーブ油大さじ½を熱し、サバを入れてこんがり焼き、いったん取り出す。

3. 2のフライパンをペーパータオルできれいに拭き、オリーブ油大さじ½、にんにく、しょうがを熱し、香りが立ったら、玉ねぎ、ピーマン、セロリを加えて炒める。

4. 野菜が色づいたら、チキンブイヨンを注ぎ、刻んだルーを加えて溶きのばし、蓋をして5分煮る。サバ、トマト、パイナップルを加え、約3分煮る。

point

サバはあらかじめ、焼いておき、後から加えて煮込みます。これにより、青魚特有の臭みが料理全体に移るのを防ぎます。

さわやかなグレープフルーツの風味がホタテの味を引き立てる

ホタテ貝のグレープフルーツ煮

材料（2人分）

ホタテ貝の貝柱…10個
塩、こしょう…各適量
バター…10g
白ワイン…大さじ2
チキンブイヨン…100mℓ
水溶き片栗粉
　…片栗粉小さじ1+水小さじ2
グレープフルーツの果肉
　（ピンク・ホワイト）…各½個分

作り方

1 ホタテ貝は塩、こしょう各少々をまぶす。

2 フライパンにバターを熱し、ホタテ貝を入れて両面をこんがり焼く。白ワイン、チキンブイヨン、塩、こしょう各少々を加えて煮る。

3 水溶き片栗粉を加えてとろみをつけ、グレープフルーツの果肉を加え、さっと煮る。

ぷっくりとふくれたカキのうまみを楽しんで

カキのオイル煮

材料（2人分）

カキ … 250g
薄力粉 … 大さじ1
塩、こしょう … 各少々
オリーブ油 … 100ml
にんにくの薄切り … 1かけ分
しょうがの薄切り … 1/2かけ分
タイム … 2枝
赤とうがらしの輪切り
　… 1/2本分
オイスターソース … 大さじ1

作り方

1 カキは薄力粉をふりかけ、やさしくまぶしながら汚れを落とす。水で洗い、ペーパータオルで水気を拭きとり、塩、こしょうをまぶす。

2 フライパンにオリーブ油、にんにく、しょうが、タイム、赤とうがらしを熱し、香りが立って、にんにくとしょうがが薄く色づいたら、カキ、オイスターソースを加え、2〜3分揚げ煮する。

point
薄力粉で汚れを落とすとき、カキを潰さないように、ボウルの下からすくい上げるように、やさしくまぶしましょう。

ねぎの甘みが口の中にじんわり広がる

サーモンとねぎのクリーム煮

材料（2人分）

サーモンの切り身 … 2切れ
塩、こしょう … 各適量
長ねぎ（白い部分）… 1本
スナップエンドウ … 3本
バター … 15g
強力粉 … 小さじ2
チキンブイヨン … 150ml
生クリーム … 80ml

作り方

1 サーモンに塩、こしょう各少々をまぶす。長ねぎは斜めの薄切りする。スナップエンドウは筋を取り、塩ゆでしてさやを開く（塩は分量外）。

2 フライパンにバター5gを熱し、サーモンに強力粉をまぶして入れ、両面を焼く。表面が焼けたらいったん取り出す。

3 続けて*2*のフライパンにバター10gを熱して長ねぎを入れ、色がつかない程度に炒め、チキンブイヨン、塩、こしょう各少々を加え、蓋をして5分煮る。

4 生クリームを加えて*2*のサーモンを戻し入れ、軽く煮る。器に盛り、*1*のスナップエンドウをのせる。

人気のタイ料理もフライパン1つでラクラク

魚介のココナッツカレー煮

材料（2人分）

エビ … 4尾
タラなどの白身の魚 … 2切れ
塩 … 少々
なす … 1本
しめじ … 40g
オクラ … 2本
たけのこ（水煮） … 50g
サラダ油 … 大さじ½
グリーンカレーペースト … 20g
ココナッツミルク（缶） … 200g
チキンブイヨン … 200ml
ナンプラー … 小さじ1
パクチーのざく切り … 適量

作り方

1 エビは竹串などを使って背ワタを取り、殻をむく（p.39参照）。タラは3cm幅に切り、塩をまぶす。なすは5mm幅の輪切りにして水に10分さらし、ペーパータオルで水気を拭きとる。しめじは石づきを切り落とし、大きめにほぐす。オクラは半分に切る。たけのこは8等分のくし型切りにする。

2 フライパンにサラダ油、グリーンカレーペーストを熱し、ココナッツミルクの濃い部分だけを加えて炒める。香りが立ち、分離してきたら、エビ、タラ、なす、しめじの順に加えて炒め合わせる。

3 残りのココナッツミルク、チキンブイヨン、ナンプラー、オクラ、たけのこを加え、約5分煮込む。器に盛り、好みでパクチーをのせる。

point
サラダ油とグリーンカレーペーストを熱し、ココナッツミルクの濃い部分だけを加えて炒め合わせると、ココナッツカレーのルーになります。

タコは最後に入れて、やわらかく仕上げるのがコツ

タコのトマト煮

材料（2人分）

ゆでダコ … 200g
玉ねぎ … 1/2個
オリーブ油 … 小さじ2
にんにくのみじん切り
　　… 小さじ1/2
カットトマト（水煮）… 200g
チキンブイヨン … 100mℓ
塩 … 小さじ1/3
こしょう … 少々
アイオリソース … 適宜
＊作り方は memo を参照

作り方

1 タコは乱切り、玉ねぎはみじん切りにする。

2 フライパンにオリーブ油とにんにくを熱し、香りが立ったら玉ねぎを入れて炒める。玉ねぎが色づいたら、カットトマト、チキンブイヨン、塩、こしょうを加え、15分煮込む。

3 タコを加え、さっと温める。器に盛り、好みでアイオリソースを添える。

---

memo
アイオリソースの作り方

ボウルに、卵黄1個、にんにくのすりおろし少々、水小さじ1/2、塩、こしょう各少々を入れ、泡立て器で混ぜながら、オリーブ油80mℓを少しずつ加えます。マヨネーズを作る要領で、油が分離しないようによく混ぜます。

生クリームを使ったフランス料理の代表格

タイのカリフラワー入りボンファム

材料 (2人分)

タイ（上身）… 240g
A ｜塩… 小さじ⅓
　｜こしょう… 少々
カリフラワー… 80g
マッシュルーム… 6個
玉ねぎ… ¼個
バター… 10g
白ワイン… 大さじ3⅓
チキンブイヨン… 100mℓ
生クリーム… 100mℓ
水溶き片栗粉
　　… 片栗粉小さじ1+ 水小さじ2
塩、こしょう… 各少々

作り方

1 タイは3cm角に切り、A をまぶす。カリフラワーは小房に分ける。マッシュルームは薄切り、玉ねぎはみじん切りにする。

2 フライパンの底にバターを塗ってタイを並べ入れ、カリフラワー、マッシュルーム、玉ねぎを散らす。

3 白ワイン、チキンブイヨンを注いで中火にかけ、煮立ったら蓋をして約5分弱火で煮る。

4 生クリームを加えて温め、タイの身を崩さないようにしながら水溶き片栗粉を加え、とろみをつける。塩、こしょうで味を調える。

エビのうまみと辛味がマッチ！
エビのピリ辛煮

材料（2人分）

有頭エビ…8尾
A | 酒…小さじ1
　| 塩…少々
ごま油…大さじ1
長ねぎのみじん切り…大さじ2
しょうがのみじん切り
　　…小さじ1
豆板醤…小さじ1
B | 酒…小さじ2
　| トマトケチャップ…大さじ3
　| しょうゆ…小さじ½
　| 中華スープ…100mℓ
　| 片栗粉…小さじ½

作り方

1 エビは竹串で背ワタを取り、はさみで足を切り落とす。尾から頭に向かって殻に切り込みを入れて開き（p.39参照）、Aをまぶし、10分おく。ペーパータオルで水気を拭きとる。

2 フライパンにごま油を熱し、エビを入れて両面を香ばしく焼き、長ねぎ、しょうが、豆板醤を加えて炒める。

3 Bを混ぜ合わせて加え、全体を混ぜながら2~3分煮る。

磯の香りで食欲もアップ！　パスタに合わせても

イカの墨煮

材料（2人分）

スルメイカ … 300g
塩、こしょう … 各少々
玉ねぎ … ½個
オリーブ油 … 大さじ½
にんにくのみじん切り
　… ½かけ分
トマトソース … 150g
チキンブイヨン … 100mℓ
イカ墨 … 小さじ1

作り方

1. イカは足を抜いて内臓と軟骨を取り、胴は1.5cm幅の輪切り、足は5cm長さに切り、塩、こしょうを振る。玉ねぎはみじん切りにする。

2. フライパンにオリーブ油、にんにく、玉ねぎを熱し、香りが立ったら、イカを入れて炒める。

3. トマトソース、チキンブイヨン、イカ墨を加え、イカに火が通るまで、1~2分煮る。

point
イカは軟骨を取り除いてから輪切りにします。

part 3
野菜・豆の煮込み

野菜は水分が多いため、水っぽくなりがち。
でも、面の広いフライパンなら大丈夫！
余分な水分をとばし、うまみをギュッと凝縮。
また、加熱に時間がかかる豆類も、面の広いフライパンを使えば、
具材の重なりが少ないため、短時間でふっくらと仕上がります。

野菜の甘みがたっぷり！ できたてでも冷やしてもおいしい

ラタトゥイユ

材料（2人分）

にんにく … 1かけ
玉ねぎ … 1/2個
パプリカ … 1/2個
ズッキーニ … 1/2本
なす … 1本
オリーブ油 … 大さじ1
タイム … 1枝
塩、こしょう … 各少々
トマトソース … 100mℓ

作り方

1 にんにくは半分に切って芽を取り、包丁の腹で押し潰す。玉ねぎ、パプリカ、ズッキーニ、なすは4cm長さ8mm角の棒状に切る。なすは水にさらす。

2 フライパンにオリーブ油とにんにくを熱し、香りが立ったら玉ねぎ、タイム、塩、こしょうを加えて炒める。

3 玉ねぎがしんなりしたら、パプリカ、ズッキーニ、なすを順に加え、野菜が色づくまでじっくり炒める。

4 トマトソースを加え、蓋をして約5分煮る。蓋を外し、水分をとばすようにさらに軽く煮る。

point
野菜は1種類ずつ順番に入れて炒め合わせます。ちなみに正式な作り方は、野菜を別々に炒め、最後に合わせます。

かたまりのベーコンを使うのがおいしさの秘訣!

レンズ豆の煮込み

材料(2人分)

レンズ豆 … 100g
にんにく … 1かけ
玉ねぎ … 50g
にんじん … 30g
ベーコン … 80g
オリーブ油 … 小さじ1
チキンブイヨン … 400mℓ
塩、こしょう … 各少々

作り方

1 レンズ豆は洗う。にんにくは半分に切って芽を取り、包丁の腹で押し潰す。玉ねぎとにんじんは、それぞれ1cm角に切る。ベーコンは半分に切る。

2 フライパンにオリーブ油とにんにくを熱し、ベーコン、玉ねぎ、にんじんを入れて炒め、チキンブイヨンを加える。

3 煮立ったらレンズ豆を加えてアクを取り、蓋をして25分煮込む。塩、こしょうで味を調える。

旬の恵みをしっかり味わえる

アスパラガスの煮込み

材料（2人分）

ホワイトアスパラガス …4本
グリーンアスパラガス …4本
ロースハム …1枚
チキンブイヨン …600mℓ
塩 …小さじ1/3
こしょう …少々

作り方

1. ホワイトアスパラガスは、穂先を残し、根本まで皮をむき、下のかたい軸を切り落とす。皮と軸は取りおく。グリーンアスパラガスは袴を取り、包丁で斜めに切り込みを入れ、下のかたい軸を切り落とす。それぞれ斜め半分に切り、水につけてアクを取る。ロースハムは半分に切ってから、細切りにする。

2. フライパンにチキンブイヨン、1で取りおいたホワイトアスパラガスの軸と皮を入れて5分煮、軸と皮を取り出す。

3. ホワイトアスパラガス、ロースハム、塩、こしょうを加え、約6分煮る。グリーンアスパラガスを加え、さらに4分煮る。

> **point**
> 筋のかたいホワイトアスパラガスは、皮をむくことで口あたりがよくなります。グリーンアスパラガスは包丁で斜めに切り込みを入れると、火が通りやすく、さらに味が染み込むメリットも。

きのこの食感がアクセントに

えのき入りロールキャベツ

材料（2人分）

キャベツの葉…4枚
玉ねぎ…50g
えのきたけ…50g
バター…10g
合い挽き肉…200g
塩、こしょう…各適量
チキンブイヨン…300mℓ
ローリエの葉…1枚

作り方

1. キャベツの葉は2~3分ゆで、芯をそぎ落とす。玉ねぎ、えのきたけは、それぞれみじん切りにする。

2. フライパンにバターを熱し、玉ねぎ、えのきたけを入れて炒める。ボウルに移して粗熱をとり、合い挽き肉、塩、こしょう各少々を加えてよく混ぜる。

3. 1のキャベツの葉を芯を手前に置き、2のタネの1/4量をのせ、右端を折って奥へ向かってくるくる巻く。巻き終わったら、左側の葉を中に押し込んで閉じる。

4. フライパンに3を並べ入れ、チキンブイヨン、塩、こしょう各少々、ローリエの葉を入れ、蓋をして20分煮る。ひっくり返し、さらに20分煮る。

point
キャベツは巻き終わったら垂直に立て、左側の葉を中に押し込んで閉じます。楊枝を使わない留め方を覚えておくと便利です。

シンプルだけど深みのある味わい

白いんげん豆のローズマリー風

材料（2人分）

白いんげん豆（乾燥）… 100g
水 … 1000㎖
にんにく … 1かけ
ローズマリー … ½枝
塩 … 小さじ½
こしょう … 少々
オリーブ油 … 小さじ2

作り方

1. ボウルに白いんげん豆、水を入れて半日浸す。にんにくは半分に切って芽を取り、包丁の腹で押し潰す。

2. フライパンに1を戻し汁ごと入れ、にんにく、ローズマリーを加えて中火にかけ、煮立ったらアクを取り、蓋をして約40分煮る。

3. 豆がやわらかくなったら、塩、こしょうを加え、水分がほぼなくなるまで煮込む。仕上げにオリーブ油を加え、さっと混ぜる。

point
気温や湿度が高い時期は、ボウルを涼しい場所に置くか、冷蔵庫に入れて戻します。

ビールの苦みがほのかにきいた大人の味わい

れんこんとごぼうのビール煮

材料（2人分）

れんこん … 150g
ごぼう … 1本
オリーブ油 … 大さじ1
鶏手羽元肉 … 4本
ビール … 350ml
しょうゆ … 大さじ1½
みりん … 大さじ1½

作り方

1. れんこんは1cm幅の輪切りにする。ごぼうは、たわしでこすり洗いしてから4cm長さに切る。
2. フライパンにオリーブ油を熱し、鶏肉を入れて焼く。
3. 表面に焼き色がついたら、ごぼう、れんこんを加え、じっくり炒め合わせる。
4. ビール、しょうゆ、みりんを加え、煮立ったらアクを取り、蓋をして約15分煮る。蓋を外して上下を返し、さらに5分煮る。

point
ビールを加えることで、鶏肉がやわらかく仕上がります。

野菜は大きく切ってチキンブイヨンをたっぷり含ませます

ガルバンソ入りポトフ

材料（2人分）

豚肩ロース肉 … 200g
塩、こしょう … 各適量
玉ねぎ … 1個
セロリ … 1本
にんじん … 1本
ガルバンソ（水煮）… 60g
タイム … 2枝
ローリエの葉 … 1枚
チキンブイヨン … 800mℓ
粗挽き黒こしょう … 適宜

作り方

1 豚肉に塩、こしょう各少々をまぶす。玉ねぎ、セロリ、にんじんは、それぞれ4等分に切る。

2 フライパンに、*1*、ガルバンソ、タイム、ローリエの葉、塩小さじ½、こしょう少々、チキンブイヨンを入れ、中火にかける。

3 煮立ったらアクを取り、蓋をして弱火で25分煮て、塩、こしょう各少々で味を調える。器に盛り、好みで粗挽き黒こしょうをかける。

＊豚肉は切り分けてから盛ると、食べやすい。

レモンの酸味でさつまいもの甘みがアップ！

さつまいものレモン煮

材料（2人分）

さつまいも…1本
レモン汁…小さじ1
はちみつ…30g
水…200mℓ
塩…小さじ¼
レモンの輪切り…4枚

作り方

1 さつまいもは洗って皮ごと1cm幅に切り、水に10分さらす。

2 フライパンに1、レモン汁、はちみつ、水、塩を入れ、蓋をして15分煮る。レモンを加え、上下を返してさらに5分煮込む。

もうひと品ほしいときにもおすすめ

カリフラワーとクミンの煮込み

材料 (2人分)

カリフラワー … 300g
玉ねぎ … 1/2個
オリーブ油 … 大さじ1
にんにくのみじん切り
　… 小さじ1/2
クミンシード … 小さじ1/3
チキンブイヨン … 300mℓ
ドライレーズン … 大さじ1
塩 … 小さじ1/2
こしょう … 適量

作り方

1 カリフラワーは小房に分ける。玉ねぎはみじん切りにする。

2 フライパンにオリーブ油、にんにく、クミンシードを熱し、香りが立ったら玉ねぎ、カリフラワーを入れて炒める。

3 チキンブイヨン、ドライレーズン、塩、こしょうを加え、蓋をして10分煮る。

大根の魅力が深まるおしゃれな一品

大根とアンチョビの煮物

材料（2人分）

大根の輪切り（1.5cm厚さ）
　…6枚
ドライトマト…2枚
ルッコラ…3株
アンチョビ…2本
オリーブ油…小さじ2
白ワイン…50ml
チキンブイヨン…400ml
塩、こしょう…各少々
粗挽き黒こしょう…適宜

作り方

1. 大根は面取りをして両面にかの子の切り込みを入れる。ドライトマトは5mm幅に切る。ルッコラはざく切り、アンチョビは細切りする。

2. フライパンにオリーブ油を熱し、大根を入れて両面を焼く。

3. 大根がこんがり焼けたら、ドライトマトと半量のアンチョビを加えて焼き、白ワインを振る。

4. チキンブイヨン、塩、こしょうを加え、蓋をして約20分煮る。器に盛り、残りのアンチョビとルッコラをのせ、好みで粗挽き黒こしょうをかける。

part 4

米・麺類の煮込み

米や麺を使った煮込みは、それだけで立派な一品に。
フライパンで作って、できあがりをそのまま食卓に運んでも様になります。
ニョッキやリゾットは、チーズや油脂を加え、
混ぜながら乳化して仕上げることがよくありますが、
片手のフライパンなら、そんな作業もラクラクです。

人気のトマト味のリゾットをシーフードで

魚介のトマトリゾット

材料（2人分）

玉ねぎ … 1/4個
オリーブ油 … 大さじ1
にんにくのみじん切り
　… 小さじ1/2
白米 … 100g
シーフードミックス … 200g
チキンブイヨン … 600ml
白ワイン … 大さじ1 1/3
カットトマト（水煮）… 200g
塩 … 小さじ1/2
こしょう … 少々
バター … 10g
イタリアンパセリの
　粗みじん切り … 適宜

作り方

1. 玉ねぎはみじん切りにする。
2. フライパンにオリーブ油小さじ2とにんにくを熱し、香りが立ったら玉ねぎを入れて炒め、水気がとんだら、白米を加えて炒め合わせる。
3. シーフードミックス、チキンブイヨン、白ワイン、カットトマトを加え、時々、鍋底から混ぜながら約18分煮込む。
4. 米の芯がなくなったら、塩、こしょう、バター、オリーブ油小さじ1を加えてよく混ぜる。
5. 器に盛り、好みでイタリアンパセリを散らす。

point
玉ねぎの水気がとんだら白米を加えます。炊いてあるご飯を使う場合は、1〜2分煮る程度でOK。

さわやかな味わいは暑い日の昼下がりにおすすめ

鶏のフォー

材料（2人分）

鶏むね肉 … 小1枚
A ｜塩 … 小さじ⅓
　｜こしょう … 少々
パクチー … 1株
チキンブイヨン … 1000ml
しょうがの薄切り … 4枚
フォー（乾燥の米麺）… 100g
ナンプラー … 大さじ1
薄口しょうゆ … 大さじ1
もやし … 60g
ライムのくし型切り … ¼個分

作り方

1 鶏肉に *A* をまぶす。パクチーは根のかたい部分を包丁の峰で軽く叩いてから切り落とし、茎と葉は3cm長さに切る。切り落とした根は取りおく。

2 フライパンにチキンブイヨンを煮立て、*1* の鶏肉とパクチーの根、しょうがを入れて弱火で10分煮る。具を取り出し、鶏肉はそぎ切りにする。

3 *2* のフライパンに、フォー、ナンプラー、薄口しょうゆを入れて約3分煮込み、もやしを加えてさらに1分煮る。

4 器に盛り、*2* の鶏肉、*1* のパクチー、ライムをのせる。

そば粉で作った生地をパスタ代わりに

そば生地入り牛肉と野菜の煮込み

材料（2人分）

そば生地
- そば粉 … 70g
- 熱湯 … 70mℓ

牛肩ロース肉 … 1枚
塩、こしょう … 各適量
玉ねぎ … 1/2個
にんじん … 40g
セロリ … 40g
芽キャベツ … 4個
オリーブ油 … 大さじ1/2
チキンブイヨン … 600mℓ
ローリエの葉 … 1枚

作り方

1. ボウルにそば粉を入れて熱湯を注ぎ、箸で混ぜる。
2. 牛肉は5mm幅に切り、塩、こしょう各少々をまぶす。玉ねぎ、にんじん、セロリは1cm角の棒状に切る。芽キャベツは半分に切る。
3. フライパンにオリーブ油を熱し、牛肉、玉ねぎ、にんじん、セロリ、芽キャベツを入れて炒め、チキンブイヨン、塩、こしょう各少々、ローリエの葉を加え、蓋をして15分煮る。
4. 1のそば生地をスプーンでラグビーボール型に整えながら落とし入れ、約5分煮る。

point
そば生地は、スプーン2本で形作るか、手でちぎって入れてもOK。

野菜がたっぷりとれるヘルシーな一品

フジッリのミネストローネ煮込み

材料（2人分）

- ベーコン … 30g
- 玉ねぎ … 1/4個
- にんじん … 40g
- ズッキーニ … 40g
- じゃがいも … 1個
- オリーブ油 … 大さじ1
- にんにくのみじん切り
  … 小さじ1/2
- チキンブイヨン … 800mℓ
- カットトマト（水煮）… 100g
- 塩 … 小さじ1/3
- こしょう … 少々
- フジッリ … 60g

作り方

1. ベーコン、玉ねぎ、にんじん、ズッキーニ、じゃがいもは、それぞれ1cm角に切る。

2. フライパンにオリーブ油とにんにくを熱し、香りが立ったらベーコン、玉ねぎ、にんじん、ズッキーニ、じゃがいもの順に加えて炒める。

3. チキンブイヨン、カットトマト、塩、こしょうを加え、煮立ったらフジッリを加え、約12分煮込む。

point
フジッリをアルデンテに仕上げる場合は、煮込む時間を袋の表示時間より1分ほど短かくします。パスタのかたさは、好みで調整しましょう。

旬の野菜や冷蔵庫にある野菜を利用してもOK

青い野菜のリゾット

材料（2人分）

さやいんげん、アスパラガス、ブロッコリー、そら豆などの青い野菜 … 合わせて200g
玉ねぎ … 1/2個
オリーブ油 … 大さじ1
にんにくのみじん切り … 小さじ1/2
白米 … 100g
チキンブイヨン … 500ml
バター … 10g
パルメザンチーズのすりおろし … 大さじ2
塩 … 小さじ1/3
こしょう … 少々
粗挽き黒こしょう … 適宜

作り方

1. さやいんげん、アスパラガス、ブロッコリー、玉ねぎは、それぞれ1cm角に切る。そら豆は薄皮をむく。
2. フライパンにオリーブ油とにんにくを熱し、香りが立ったら玉ねぎを入れて炒める。玉ねぎの水分がなくなったら白米を加えてさっと炒め、チキンブイヨンを加え、時々、鍋底から混ぜながら15分煮込む。
3. さやいんげん、アスパラガス、ブロッコリー、そら豆を加え、さらに約3分、米の芯がなくなるまで煮る。
4. バター、パルメザンチーズ、塩、こしょうを加え、よく混ぜる。器に盛り、好みで粗挽き黒こしょうを振る。

皮も手作りのロシア風水餃子

ペリメニ

材料（2人分）

皮
- 強力粉 … 150g
- 全卵 … 1/2個分
- 水 … 大さじ2 2/3

にんじん … 4cm
セロリ … 4cm
さやいんげん … 2本
合い挽き肉 … 100g
玉ねぎのみじん切り … 1/4個分
塩、こしょう … 各適量
チキンブイヨン … 600mℓ
サワークリーム … 適宜

作り方

1. 皮を作る。ボウルに強力粉、卵、水を入れて混ぜ、台に取り出してよくこね、ラップで包んで30分おく。

2. にんじん、セロリ、さやいんげんは、それぞれ4cm長さの2mm幅に切る。

3. ボウルに、合い挽き肉、玉ねぎ、塩、こしょう各少々を入れてよく混ぜる。

4. 台の上に打ち粉（強力粉・分量外）をし、1の生地を2mm厚さに伸ばし、直径8cmのコップなどで型抜きする。これを10枚作る。

5. 4の皮に10分の1量の3をのせ、端を合わせて閉じ、帽子の形に包む。これを10個作る。

6. フライパンにチキンブイヨン、塩、こしょう各少々を入れて中火にかけ、煮立ったら2の野菜と5を入れ、途中、上下を返しながら約5分煮る。好みでサワークリームを添える。

point
皮は端を合わせてしっかり閉じ、両端を重ねて帽子の形にします。市販の餃子の皮を使っても。

蝶ネクタイ型のパスタにソースがしっかり絡む

ファルファッレのきのこ入り煮込み

材料（2人分）

鶏もも肉…1枚
塩、こしょう…各少々
玉ねぎ…1/2個
マッシュルーム…4個
バター…10g
A｜赤ワイン…大さじ2 2/3
　｜デミグラスソース…100g
　｜チキンブイヨン…300ml
　｜塩、こしょう…各少々
　｜タイム（パウダー）…適量
ファルファッレ…60g
タイム（フレッシュ）…適宜

作り方

1. 鶏肉は2cm角に切り、塩、こしょうをまぶす。玉ねぎは2cm角に切り、マッシュルームは4つ割りにする。

2. フライパンにバターを熱し、鶏肉、玉ねぎ、マッシュルームの順に加え、炒め合わせる。

3. Aを加え、煮立ったらファルファッレを加え、蓋をして約12分煮込む。器に盛り、あればタイムをのせる。

もちっとした食感がクセになる！
じゃがいものニョッキ

材料（2人分）

ニョッキ
- じゃがいも … 250g
- 強力粉 … 100g
- 塩、こしょう … 各少々

玉ねぎ … 1/2個
にんじん … 40g
バター … 10g
にんにくのみじん切り
　… 小さじ1/2
合い挽き肉 … 200g
カットトマト（水煮）… 200g
チキンブイヨン … 300mℓ
塩、こしょう … 各少々
粗びき黒こしょう … 適宜
粉チーズ … 適宜

作り方

1. じゃがいもは洗ってラップで包み、600Wの電子レンジで5分加熱する。皮をむいてまな板にのせ、包んでいたラップ、ふきんの順にのせ、てのひらで潰し、強力粉、塩、こしょうを加えて練る。台に打ち粉（強力粉・分量外）を振り、生地を直径1.5cmの棒状に伸ばし、端から1.5cm幅に切る。フォークにのせて潰し、端から巻く。

2. 玉ねぎ、にんじんは、それぞれみじん切りにする。

3. フライパンにバターとにんにくを熱し、香りが立ったら玉ねぎ、にんじんを入れて炒める。野菜が色づいたら、合い挽き肉を加えて香ばしく炒め合わせ、カットトマト、チキンブイヨン、塩、こしょうを加え、蓋をして10分煮込む。

4. 別の鍋に湯を沸かして塩適量（分量外）を加え、1のニョッキを2〜3分ゆで、ざるに上げる。

5. 3に4のゆであがったニョッキを加え、2〜3分煮る。器に盛り、好みで粗びき黒こしょうと粉チーズを振る。

point

ニョッキの生地は、打ち粉をした台の上で直径1.5cmの棒状に形成。

1.5cm幅にカット。

切り口を下にして、フォークにのせて押し潰すように伸ばします。

端からくるりと巻きます。

半熟卵をからめていただきます

みそ煮込みうどん

材料（2人分）

しめじ…50g
小松菜…50g
長ねぎ…½本
笹かまぼこ…2枚
だし汁…800㎖
豚こま切れ肉…100g
みそ…大さじ3
みりん…大さじ2
ゆでうどん…2玉
卵…2個
七味とうがらし…適宜

作り方

1 しめじは石づきを落とし、大きめにほぐす。小松菜は3cm長さ、長ねぎは斜めの5mm幅に切る。笹かまぼこは斜め半分に切る。

2 フライパンにだし汁を煮立て、豚肉、しめじ、長ねぎ、笹かまぼこを入れる。続けて、みそをみりんで溶いて加える。

3 野菜が煮えたらうどん、小松菜を入れ、うどんが温まったら卵を落とし入れ、半熟または好みのかたさになるまで火を通す。器に盛り、好みで七味とうがらしをかける。

memo
乾麺はゆでるとぬめりが出るので、別の鍋でゆでてから加えましょう。

デザートレシピ

オーブンで焼いたり、冷やしかためるといった作り方が多いデザートですが、
フライパンで煮込んで作るデザートも、実はたくさんあります。
手軽に作れるので、ぜひ試してみてください。

ふわっとしたメレンゲの口あたりを楽しんで
ウ・ア・ラ・ネージュ

材料（2人分）

メレンゲ
- 卵白 … 2個分
- 塩 … ひとつまみ
- グラニュー糖 … 20g
- レモン汁 … 少々

アングレーズソース
- 卵黄 … 2個分
- グラニュー糖 … 60g
- バニラのさや … 1/4本
- 牛乳 … 250ml

ピスタチオナッツの
粗みじん切り … 適量

作り方

1 ボウルにメレンゲの材料の卵白と塩を入れ、泡立て器で泡立てる。グラニュー糖半量を加え、角が立つまで泡立て、残りのグラニュー糖とレモン汁を入れてかためのメレンゲを作る。

2 フライパンにたっぷりの湯を沸かし、塩少々（分量外）とレモン汁少々（分量外）を加え、煮立つ直前の火加減を保ちながら、1をスプーンですくって落とす。2〜3分したらひっくり返し、ゆで汁を静かにかけながら中に火が通るまで、さらに2〜3分ゆでる。ペーパータオルを敷いたざるに上げて粗熱をとり、その後、冷蔵庫で約10分冷やす。

3 アングレーズソースを作る。ボウルに卵黄とグラニュー糖を入れて泡立て器で混ぜ、バニラのさやを加えて温めた牛乳を少しずつ加えて溶きのばす。フライパンに移し入れて弱火にかけ、混ぜながら火を通す。83℃になり、濃度がついたら、目の細かいざるでこして冷やす。

4 器に3のアングレーズソースを流し、2のメレンゲをのせ、ピスタチオナッツを散らす。

米を牛乳で煮るフランスの定番おやつ
リ・オ・レ

材料（2人分）

**ミックスドライフルーツの
ブランデー漬け**
- ミックスドライフルーツ
  … 大さじ2
- ブランデー … 大さじ2

- 水 … 150ml
- 牛乳 … 300ml
- 砂糖 … 30g
- 白米 … 50g
- キヌア … 5g

作り方

1 ミックスドライフルーツはブランデーに浸し、30分以上おく。

2 フライパンに水、牛乳、砂糖を入れて中火にかけ、煮立ったら白米とキヌアを振り入れる。

3 蓋をして、時々、混ぜながら20分炊く。米の芯がなくなったら、1のミックスドライフルーツのブランデー漬けを加え、軽く煮る。

紅茶の風味で甘すぎない味わいに

りんごとあんずの紅茶煮

材料（2人分）
りんご…1個
バター…15g
砂糖…大さじ2
水…200mℓ
紅茶のティーバック…1個
あんず（ドライ）…4個
シナモンスティック…1本

作り方

1. りんごは上下を切り落とし、横半分に切る。
2. フライパンにバターと砂糖を熱してりんごを入れ、両面を香ばしく焼く。
3. 水、紅茶のティーバック、あんず、シナモンを加え、紅茶の香りがついたら、ティーバックを取り出す。
4. 蓋をして、途中、返しながら約10分煮込む。

いちじく×ワインの大人のデザートをどうぞ

いちじくの赤ワイン煮

材料（2人分）
いちじく…4個
赤ワイン…200mℓ
砂糖…大さじ4
クローブ…1本
黒粒こしょう…4粒

作り方

1. いちじくの上下を少し切り、流水で洗う。
2. フライパンにすべての材料を入れて中火にかけ、落し蓋をのせ、途中、いちじくを転がしながら約10分煮る。
3. 火を止めてそのまま冷ます。粗熱がとれたら煮汁ごと密閉袋に入れて空気を抜き、冷蔵庫で2時間以上おいて味を染み込ませる。

パンケーキやヨーグルト、
アイスクリームにかけていただきます

いちごソース&
キウイソース

材料（作りやすい分量）

いちごソース
| いちご … 300g（1パック）
| グラニュー糖 … 100g
| バニラのさや … 1/4本
| レモン汁 … 大さじ2

キウイソース
| キウイフルーツ … 300g
| グラニュー糖 … 100g
| レモン汁 … 大さじ2

作り方

1 いちごはへたを取り、縦半分に切ってフライパンに入れ、グラニュー糖をまぶして10分おく。

2 バニラのさや、レモン汁を加えて中火にかけ、煮立ったらアクを取りながら水分をとばすように約3分煮る。

3 フライパンごと冷水で冷やして粗熱をとり、密閉容器に入れて香りを閉じ込める。キウイソースは、キウイフルーツの皮をむいて1cm角に切り、いちごソースと同様に作る。

memo
冷蔵庫で約1週間、冷凍庫で約1か月保存できます。

いつものバナナをおしゃれに演出

バナナフランベ

材料（2人分）

バナナ … 2本
アーモンドスライス … 大さじ1
バター … 15g
黒砂糖 … 30g
水 … 大さじ2
ラム酒 … 大さじ1
バニラアイスクリーム … 適量

作り方

1. バナナは皮をむき、筋を取る。アーモンドスライスは170℃のオーブンで約10分ローストするか、フライパンで煎る。

2. フライパンにバターと黒砂糖を熱して混ぜ、バターが香ばしく茶色に色づいたら、バナナを入れて両面をこんがり焼く。水、ラム酒を加えて煮溶かす。

3. 器にバナナを盛り、フライパンに残ったソースをかける。バニラアイスクリームを添え、1のアーモンドスライスを散らす。

フランス料理の温かいスイーツの代表格
クレープシュゼット

材料 (2人分)

クレープ生地
- 薄力粉 … 60g
- 砂糖 … 15g
- 塩 … ひとつまみ
- 卵 … 1個
- 牛乳 … 150㎖

オレンジの皮 … 1/4個分
水 … 大さじ 3 1/3
砂糖 … 適量
バター … 20g
オレンジリキュールまたは
　ブランデー … 大さじ2
オレンジの搾り汁または
　果汁100%のオレンジジュース
　　… 120㎖
オレンジの果肉 … 1個分

作り方

1 クレープ生地を作る。ボウルに薄力粉、砂糖、塩を入れて中央をくぼませ、泡立て器で混ぜながら卵、牛乳を加え、だまができないようによく混ぜ、目の細かいざるでこす。フライパンにバター（分量外）をペーパータオルで薄く塗り、中火にかける。生地を薄く広げて両面焼き、4つに折りたたむ。生地がなくなるまで同様に焼く。

2 オレンジのシロップ煮を作る。オレンジの皮は、白い部分を取り除き、せん切りにする。小さめの鍋に湯を沸かして皮を入れ、2～3回ゆでこぼす。鍋にオレンジの皮、水、砂糖大さじ1を入れて煮絡める。

3 フライパンにバターを熱し、砂糖50gを入れてキャラメル状に煮詰め、茶色く色づいたら、オレンジリキュール、オレンジの搾り汁を入れて煮溶かす。*1*のクレープ、オレンジの果肉を入れて1~2分煮る。*2*のオレンジの皮のシロップ煮を散らす。

余ったパンを利用して作るスイーツ
パンプディング

材料 (2人分)

ドライレーズン … 大さじ2
ラム酒 … 大さじ2
バゲット（8㎜幅）… 20切れ
バター … 20g

プディング生地
- 卵 … 2個
- 砂糖 … 80g
- 牛乳 … 500㎖

アプリコットジャム … 大さじ3

作り方

1 ドライレーズンをラム酒に30分以上浸す。バゲットはバターを塗ってトーストする。

2 プディング生地を作る。ボウルに卵と砂糖を入れて混ぜ、牛乳で溶きのばし、*1*のレーズンを加える。

3 フライパンに*1*のバゲットを並べ入れ、*2*のプディング生地を注ぎ入れ、蓋をして約15分弱火で煮込む。全体が固まったら、フライパンごと冷水に浸けて冷やす。粗熱がとれたら、アプリコットジャムを温めて塗る。

川上文代（かわかみ ふみよ）

「デリス・ド・キュイエール川上文代料理教室」主宰、料理研究家。千葉県館山市生まれ。辻調理師専門学校を卒業後、同校およびグループ校にて、プロ料理人の育成に務める。1996年より東京・恵比寿に「デリス・ド・キュイエール川上文代料理教室」を開設。料理教室を開くかたわら、テレビ、雑誌など幅広く活躍している。『塩レモンのおいしいレシピ』（東京書店）、『マリネの法則』（誠文堂新光社）など著書多数。

Staff
撮影 ◆ 北川鉄雄
アートディレクション ◆ 大薮胤美（フレーズ）
デザイン ◆ 宮代佑子（フレーズ）
スタイリング ◆ 鈴木亜希子
調理アシスト ◆ 野口佳織、荒川靖子、細川勝志
編集制作 ◆ 花澤靖子（スリーシーズン）

協力
UTUWA（☎ 03-6447-0070）

かんたんなのに超本格。
ちょっとリッチなフライパン煮込み

2019年9月5日　初版発行

印刷・製本	株式会社シナノ
発行者	近藤和弘
発行所	東京書店株式会社
	〒101-0051
	東京都千代田区神田神保町 3-5
	住友不動産九段下ビル 9F
	TEL：03-5212-4100
	FAX：03-5212-4102
	URL：http://www.tokyoshoten.net

ISBN 978-4-88574-581-2　C2077
©Fumiyo Kawakami 2019 Printed in Japan

※乱丁本・落丁本はお取り替えいたします。
※無断での転載・複写・コピー・翻訳を禁じます。